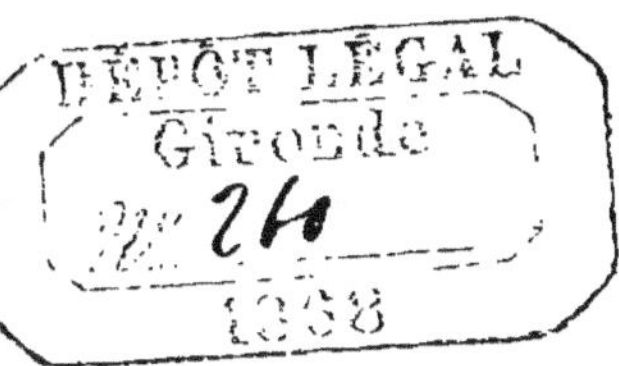

ÉLOGE

DE

JEAN-MARIE CAILLAU

Ancien Secrétaire général de la Société de Médecine de Bordeaux,

Lu en séance publique le 8 avril 1868

PAR

LE Dr CHARLES DUBREUILH

Chevalier de la Légion d'Honneur,

Secrétaire général de la Société de Médecine,
Chirurgien en chef de l'Hôpital de la Maternité, Professeur de l'École départementale d'accouchements,
Lauréat de l'Académie de Médecine de Paris,
Membre correspondant national de la Société de Chirurgie,
Correspondant de l'Académie des Sciences et Belles-Lettres de Montpellier,
de la Société Médico-pratique de Paris, des Sociétés de Médecine de Toulouse,
Lyon, Poitiers, Anvers, etc., etc.

BORDEAUX

IMPRIMERIE GÉNÉRALE D'ÉMILE CRUGY
16, rue et hôtel Saint-Siméon, 16

1868

ÉLOGE

DE

JEAN-MARIE CAILLAU

Lorsque les regrets sont encore dans toute leur force, lorsque nous parlons, pour ainsi dire, encore appuyés sur l'urne funéraire d'un maître ou d'un ami, on ne peut toujours exiger la froide impartialité de l'histoire.

Mais, lorsque cinquante années nous séparent de celui qui fait le sujet d'un éloge académique, comment craindre que l'amitié et toutes les considérations qui préviennent diversement les contemporains puissent avoir la même influence? D'ailleurs, si jamais un homme a pu braver la critique de ces moralistes sévères qui ne sondent les replis les plus profonds du cœur que pour y découvrir des travers ou des fautes, c'est le médecin dont je vais essayer d'esquisser la vie.

C'est avec les écrits de ses contemporains autant qu'avec les ouvrages et les manuscrits si nombreux de Caillau, pieusement conservés par des mains filiales, que j'ai pu, Messieurs, vous le dépeindre aisément sous toutes ses faces. Sans avoir marqué dans son temps par de grandes découvertes, aucune des découvertes de son temps ne lui fut étrangère. Sans avoir donné à la science de nouveaux domaines, il a cultivé et fait fructifier ceux qu'elle avait déjà acquis. Des livres utiles, des leçons solides, des poésies charmantes et souvent pleines d'élévation, une longue suite de bonnes actions, voilà les titres à l'éloge que vous m'avez fait l'honneur de me confier. Dans ce lieu, ancien théâtre de ses triomphes, et témoin, chaque année, de paroles si éloquentes, je sais tout le poids des devoirs qui me sont imposés, et combien mes moyens pour les remplir sont insuffisants ! Protégé par votre bienveillance, j'oserai parler, Messieurs, et fixer votre attention sur un des fondateurs de notre Société, dont nous trouvons encore parmi nous le souvenir vivant et l'exemple honoré dans son digne petit-fils.

C'est à Gaillac, jolie petite ville sur les bords du Tarn, que naquit Jean-Marie Caillau, le 4 novembre 1765. Sa mère, Élisabeth Triulci, était originaire de la Toscane ; et son père, Urbain Caillau, s'était acquis l'estime générale par une probité à toute épreuve. — Il commença ses études à Gaillac, sous la direction d'un vénérable ecclésiastique qui reconnut de fort bonne heure en lui l'envie de s'instruire et celle de se distinguer. Il fit ses basses classes au collége de sa ville natale, et, à cet âge où on aime la dissipation et les jeux, le jeune Caillau employait à la lecture les heures de récréation. Il était en quatrième, lorsque la mort prématurée d'un de ses condisciples fut le sujet d'un distique latin qui le fit admirer de ses professeurs. Une conception facile, une imagination vive et ses brillants progrès lui méritèrent la bienveillance du cardinal de Bernis, archevêque d'Albi ; sous ce haut patronage, il alla faire sa rhétorique au collége de cette ville, et sa philosophie à celui de Toulouse.

Instruit et encouragé par des maîtres vertueux, secondé à la fin de ses études par des protecteurs éclairés, pendant toute sa jeunesse Caillau n'avait eu l'occasion de se faire l'idée ni d'un méchant homme, ni d'un mauvais livre. Aussi, douces illusions de l'enfance ! se figurait-il à cette époque de sa vie que tous les poètes ressemblaient à Corneille ou à Racine, tous les historiens à Bossuet, tous les moralistes à Fénelon ! Il dut avoir plus tard, pendant sa longue vie, des occasions fréquentes de se désabuser.

Né pour les sciences et avide d'instruction, le jeune Caillau entra dans la célèbre congrégation des Doctrinaires, corps libre fondé par César de Bas, gentilhomme né dans le comté Venaissin en 1544, et consacré à l'enseignement de la religion et des lettres.

Cette congrégation occupait un grand nombre de colléges, dans lesquels se faisaient d'excellentes études. Caillau professa dans le collége de Lectoure, et peu de temps après dans celui de La Flèche. C'est dans ce corps savant qu'il contracta son amour pour les belles-lettres, et surtout pour la poésie, qu'il prit ce goût épuré et cette rectitude dans le jugement qu'on remarque dans tous ses écrits, qu'il acquit enfin ce raisonnement profond et cette facilité d'enseignement qu'il conserva dans ses cours publics. Si certains ordres religieux, à une époque d'anarchie féodale, d'oppression et de brigandage, furent des asiles pour les hommes studieux et méditatifs, il faut avouer qu'ils imposaient un anéantissement de la volonté et de la personnalité qui ne s'accorde pas avec la nature de certains esprits.

Caillau aima mieux se créer à lui-même des ressources, et se décida à une profession indépendante : c'est à ce titre qu'il fit choix de la médecine. Il rentra dans le monde, et se fixa à Bordeaux en 1787, à l'âge de vingt-deux ans.

Il y reçut l'accueil le plus sympathique de deux hommes éminents. L'un, l'ami de sa jeunesse, c'était Philippe Ferrère, jurisconsulte habile, l'une des gloires les plus pures du barreau de Bordeaux, qui avait reçu, lui aussi, de la nature une imagination brillante, l'enthousiasme du beau, le goût des arts, la fertile ambition des sciences et cette fécondité d'images qui fut le caractère distinctif de ses écrits. L'autre était un de ses anciens confrères, auquel la Providence devait confier une auguste mission, l'abbé Sicard, génie vertueux et modeste dont l'intelligence supérieure et observatrice, scrutant et approfondissant la pensée humaine, rendit sous une autre forme, à des frères infortunés, la faculté qui leur avait été refusée, fit participer de pauvres parias de la nature aux bienfaits de l'éducation, les aida à cultiver leur intelligence, éveilla dans leurs âmes les idées endormies, étouffées sous la plus triste des infirmités.

L'amitié de ces deux hommes fut pour Caillau de la plus grande utilité. Je dois parler aussi d'un littérateur recommandable, l'abbé Beaurieu, auteur de *l'Élève de la Nature,* disciple de J.-J. Rousseau, qui s'occupait de l'éducation d'un certain nombre d'enfants, pour lesquels il avait composé plusieurs ouvrages dans le genre de ceux de Berquin ; connaissant la prédilection toute particulière de Caillau, il trouva en lui un collaborateur utile en l'associant à ses travaux.

Caillau commença ses études médicales en suivant les cours publics de Comet et de Betbeder père, l'aïeul d'un de nos plus estimés collègues de la Société. Sa prodigieuse activité lui permettait encore de faire l'éducation du neveu de M. de Gestas, personnage distingué dans la magistrature municipale de Bordeaux, et successivement celle du fils de M. Lebrun des Charmettes, alors receveur principal des douanes.

A cette époque, s'était déjà accompli le premier acte d'une révolution aisément victorieuse et à tout jamais bénie par les âmes généreuses, mais dont le second acte ne fut qu'une protestation honteuse, violente et terrible, devant finir par une catastrophe. Isabeau et Tallien étaient proconsuls de Bordeaux. Après le 9 thermidor, ils faisaient connaître à la Convention le nombre et le nom des têtes qu'ils avaient fait tomber dans notre ville. Parmi elles, se trouvait celle du protecteur de Caillau, M. Lebrun des Charmettes, et lui-même eût infail-

liblement subi le même sort, sans un événement de fort peu
d'importance par lui-même, mais qui, ayant donné lieu à sa
sortie de la maison de M. Lebrun, occasionna une méprise
qui coûta la vie à son successeur en le faisant conduire à l'é-
chafaud.

A la même date, les fanatiques de Paris, dans l'ivresse d'un
patriotisme stupide et barbare, étaient sur le point de massacrer
l'ami affectionné de Caillau, l'abbé Sicard, lorsque, mariant du
moins à leur frénésie sanguinaire le respect des services rendus
à l'humanité, les sabres de ces forcenés s'arrêtèrent devant
ce cri d'un horloger : « Arrêtez ! c'est l'instituteur des sourds-
muets, c'est le successeur de l'abbé de l'Épée !! » Sortant alors
du comité, ce même peuple, qui se baignait dans le sang de
pauvres prisonniers sans défense, le prit dans ses bras et le
reconduisit chez lui en triomphe, parce que c'était un être
utile à l'humanité souffrante.

Tous ces événements attristèrent vivement l'âme si bonne
de Caillau, esprit libéral, homme de progrès, mais qui voulait
l'ordre dans la liberté.

J'ai trouvé, Messieurs, au milieu des liasses de ses manuscrits, le discours qu'il prononça, en 1792, à Gaillac, sa ville
natale, et qui dépeint ses sentiments patriotiques.

« Je me propose, dit-il, de vous parler sur le courage nécessaire dans ces jours de crise aux magistrats du peuple, sur
le respect que nous devons tous à la loi et aux autorités constituées ; je me propose de démontrer, par l'exemple de quelques nations anciennes, que ce respect pour la loi fut toujours
dans les temps d'orage le palladium de la liberté. »

Caillau était bachelier de l'ancienne Faculté de médecine de
Bordeaux, alors que, depuis deux ans, la nation française faisait
revivre ces temps où des peuples anciens défendirent avec le
plus d'héroïsme la cause de leur indépendance. Cernée de toute
part par les rois conjurés, la République fit un appel à tous
ses enfants, et la France presque tout entière se leva et se fit
soldat.

Caillau comprit que le repos est un opprobre quand la paix

serait l'esclavage; et, le 20 pluviôse, il recevait sa nomination de médecin à l'armée des Pyrénées occidentales. Peu de temps après, la Convention nationale invitait tous les officiers de santé de la République à présenter les moyens les plus prompts et les plus efficaces de guérir la gale. Caillau envoya un mémoire pour lequel il reçut la lettre suivante du comité, dont j'ai trouvé l'original :

« Nous avons reçu, citoyen, avec ta lettre du 28 brumaire,
» ton mémoire sur la gale; nous en avons été satisfaits, et
» nous désirerions que les mille et un mémoires que le
» comité militaire nous a envoyés sur cet objet valussent le
» tien et fussent aussi courts. La commission te félicite sur
» tes réponses aux questions qu'elle t'avait adressées; elle t'a
» mis au rang des officiers de santé les plus distingués. »

Caillau resta pendant deux ans attaché à cette armée des Pyrénées occidentales qui, sous le commandement en chef du général Moncey, s'empara, en 1794, si glorieusement de la vallée de Roncevaux, vengea sur les lieux mêmes l'antique défaite des preux de Charlemagne en arborant le drapeau de la France à la place de la pyramide brisée, souvenir du désastre de nos ancêtres.

En 1795, et au moment où l'armée française avait pris ses cantonnements d'hiver, Caillau fut témoin des affreux ravages d'une maladie épidémique causée par l'encombrement des hôpitaux. Des bords de la Déba à ceux du Gers, ce fléau destructeur moissonna en peu de temps une multitude d'hommes. Tous les chemins étaient couverts de charrettes qui, au milieu des neiges, traînaient les malheureuses victimes de cette espèce de typhus; les déplacements se faisaient souvent ainsi sur une ligne de plus de cent lieues. En un seul jour, vingt hôpitaux se trouvèrent remplis. Pendant un espace de trois mois, trente mille victimes furent enlevées à l'armée française et aux pays voisins.

La conduite de Caillau dans cette épidémie, où tant de ses collègues succombèrent, doit être signalée, alors seulement qu'on voudrait ne rappeler que cette couronne d'honneur et de

considération que surent si bien lui mériter toujours son courage, son dévouement et son heureuse pratique.

Caillau rentra à Bordeaux en 1796. Jeune, doué alors d'une
constitution heureuse, d'un esprit orné et déjà à l'épreuve d'études abstraites, d'une aptitude extraordinaire au travail intellec-
tuel, d'un caractère réfléchi, aucun obstacle n'était capable de
l'empêcher de s'élever à la hauteur d'une science qu'il honorait
comme la plus utile. Littérateur avant d'être médecin, ses
premiers pas dans la carrière de l'instruction avaient fixé ses
goûts et ses inclinations ; il fut l'ami des enfants, et leurs maladies et leur hygiène furent l'objet principal de ses recherches
et de ses réflexions.

Ici, Messieurs, commence cette série de travaux dont il me
serait impossible de vous rendre compte sans abuser trop
longtemps de la bienveillante attention que vous portez au
récit de la vie de ce médecin honnête et laborieux.

Cette masse de travaux imprimés ou manuscrits est si pleine
et si solide, que je ne sais comment l'entamer. Comment présenter, en effet, ou comment dérober à votre admiration cette
suite presque infinie de faits curieux, singuliers, de documents
inédits sur la médecine, la morale et les lettres ! J'insisterai
particulièrement sur les travaux de Caillau qui lui valurent
des récompenses académiques, et vous me permettrez, Messieurs, d'emprunter quelquefois ses propres expressions : en
exhumant ainsi ses sentiments et ses idées, je pourrai peut-
être un moment vous faire illusion.

Ses *Avis* et son *Journal des Mères de famille* furent com-
posés en 1796 et 1797. Ces cinq volumes renferment plusieurs
chapitres pleins d'agrément et d'intérêt. Ses articles sur l'éducation physique et morale des enfants, ses réflexions sur l'allaitement, son rapport sur la mortalité des enfants assistés,
ses dialogues, ses divers entretiens, son Voyage à Eyzines, etc.,
attachent autant par les objets qui y sont traités que par la
manière avec laquelle ils sont écrits.

« Est-il rien qui contrarie davantage le vœu de la nature,
dit Caillau à propos de l'allaitement, que la conduite de ces

marâtres qui se croiraient humiliées des soins qu'exige la maternité, de ces femmes dissipées, légères, ignorantes ou apathiques, qui, méconnaissant le plus saint des devoirs, s'exposent à tous les maux réservés à celles qui, malgré le bon état de leur santé, ont pu se rendre à étouffer les cris de la nature ? »

Il s'est fait, Messieurs, il y a quelque temps, un grand bruit autour d'une question sociale la plus grave, celle de la mortalité des enfants assistés. Cette question fut étudiée pour la première fois, en 1798, par notre Société de Médecine. Ce fut Caillau qui fit le rapport.

Il résulte des tableaux de ce travail que, l'an IV, les trois quarts des enfants périrent à l'hospice dit alors de la *Manufacture,* et, en l'an V, plus des cinq sixièmes. « Ces malheurs, ajoute Caillau à la fin de ce rapport, sont une suite inévitable de l'exposition, surtout pendant l'hiver.

» Le petit nombre des nourrices est encore une cause de mort de plusieurs de ces infortunés. Une seule femme en nourrit toujours deux. La mortalité est beaucoup plus grande parmi ceux qui sont nourris artificiellement que parmi ceux que les nourrices allaitent. Du reste, il mourrait là très-certainement un nombre moins considérable d'enfants qu'ailleurs, si l'hospice était pourvu d'une quantité suffisante de nourrices ; *la situation de ce dépôt étant très-heureuse, les salles vastes et bien aérées.* »

Depuis cette époque, Messieurs, une grande amélioration s'est produite. Les tours ont été supprimés ; et quand, sur 100 enfants abandonnés aux soins des hospices, 53 décèdent dans leur première année, sur un égal nombre de nouveau-nés conservés par leurs mères, il n'en meurt que 29. Mais il reste encore beaucoup à faire pour les enfants abandonnés et nourris dans nos campagnes ; il s'agirait d'avoir de la pitié et des oreilles pour des êtres qui parlent, qui aiment et qui pleurent.

Caillau savait que, pour persuader, il faut chercher à plaire. Il aimait les dialogues, il se servait souvent de ce moyen pour mieux faire apprécier ses conseils ; c'est le mode qu'il adopta dans ce charmant récit d'un voyage à Eyzines. Que n'ai-je le temps de reproduire ici cette longue série d'observations fines, profondes, neuves sur l'éducation de l'enfance, et qui sont consignées dans ce travail que tout le monde voulut lire ?

Caillau n'avait pas le titre de docteur ; il se rendit à Paris en 1803 pour l'obtenir. Connu honorablement par ses écrits, après des épreuves qui furent toutes glorieuses pour lui, il reçut le diplôme doctoral. Il soutint avec distinction une thèse en latin sur la médecine des enfants. Cette thèse, écrite dans une langue dont il connaissait les beautés, ne fit que confirmer la haute réputation dont il jouissait comme médecin et comme littérateur.

Dès 1800, Caillau avait fait des cours publics de médecine, avec Moulinié et Cazéjus, à l'ancienne École de droit, et successivement, en 1802, à l'ancien Collége de chirurgie. Il s'occupa particulièrement de la médecine des enfants, et fit imprimer, pour l'utilité de ses disciples, le plan de son cours, auquel se rattache celui de son dernier ouvrage, *la Médecine infantile,* imprimé en 1819, dans lequel il indique les sources de la saine doctrine qu'il avait acquise sur les maladies des enfants. Ce sujet était, sans contredit, des plus vastes et des plus intéressants, et auquel il eût donné toute la latitude et toute l'utilité dont il était spécialement susceptible sous le rapport clinique, s'il eût pu s'en occuper dans toute autre circonstance que celle de la maladie qui le conduisait au tombeau.

Avec l'art d'exprimer dans un style simple et naturel des pensées fortes, des vérités et des anecdotes piquantes, il savait captiver l'attention de ses élèves. On peut dire que ses leçons ressemblaient à ses actions; simples mais substantielles, on n'y apercevait d'autre tendance que celle d'être utile. Cette facilité de parler et de composition qu'il eut toujours était le fruit de ses méditations et de sa vaste lecture. Il possédait à fond toute la littérature de son art, et dans sa bibliothèque il n'avait aucun livre qu'il ne connût et dont il ne conservât

un extrait ou des notes, comme le prouvent ses manuscrits (1).

Aux distributions des prix de l'École de médecine, Caillau
se faisait un plaisir de prononcer des discours, retrouvés dans
son portefeuille, et qui contiennent, pour les élèves comme
pour les praticiens, les réflexions les plus sages, et qui sont
encore pleines d'actualité en 1868.

« L'observation et l'expérience, dit-il dans l'un d'eux , sont
les deux clefs de la philosophie naturelle : c'est pour avoir né-
gligé cette maxime fondamentale qu'on a vu s'introduire dans
toutes les sciences, et surtout en médecine, mille systèmes
ingénieux et une foule innombrable d'hypothèses brillantes,
successivement adoptées, rejetées, rejetées et adoptées encore. »

L'érudition de Caillau était éblouissante et comme inépuisable. Familier avec les plus célèbres médecins de l'ancienne
Italie et de l'antique Grèce, il s'était, en quelque sorte, iden-
tifié avec ces mâles et sublimes génies pour en former les
trésors d'une érudition applicable à tout.

« Cet abandon des routes antiques, dit-il dans un de ses
discours, cet amour des nouveautés, cette fluctuation perpé-
tuelle, ce besoin de détruire sans cesse et le désir d'édifier
aussi sans cesse sur le sable mobile des hypothèses, ne sont pas
les seuls reproches fondés que nous puissions adresser à quel-
ques-uns de nos précepteurs modernes ; nous les accusons encore de négliger l'érudition et de nous présenter comme
neuve une doctrine que l'on trouve dans les ouvrages anciens. »

Comme doctrine philosophique, Caillau avait embrassé celle
dont le but est de concilier les opinions qui paraissent les
plus conformes à la vérité, c'est-à-dire l'éclectisme ; il la professe solennellement dans un discours à l'École de médecine :

(1) A l'École de médecine, dont il fut un des plus éloquents professeurs,
Caillau succéda, en 1815, à Cazéjus dans la place de vice-directeur, et, en
1819, à Moulinié dans celle de directeur.

« Reconnaissons, dit-il en terminant, que chaque secte renferme d'excellentes choses ; mais avouons en même temps qu'il ne faut en embrasser aucune exclusivement. Sachons trouver et saisir le bon et le beau partout où il est, sachons l'adapter heureusement aux lois de l'économie animale.

» Soyons tout à la fois galénistes et solidistes, vitalistes et chimistes, animistes et mécaniciens, mais ne soyons jamais exclusifs...

» S'il était permis, jeunes élèves, de se rattacher à un parti ou, pour mieux dire, d'appartenir à une secte, je vous conseillerais d'embrasser celle qui, parmi les anciennes, m'a toujours paru la plus vraie, et surtout la plus raisonnable, c'est l'éclectisme. »

Ce n'est pas devant vous, Messieurs, ce n'est pas dans cette enceinte qu'il pourrait être nécessaire de prendre la défense de cette doctrine, de cette philosophie qui fait la force et l'honneur de la médecine.

Cette opinion de Caillau la Société de Médecine de Bordeaux la professe, elle qui respecte toutes les doctrines, rémunératrice de tous les bons travaux, applaudissant aux généreux efforts de tous ceux qui cherchent à remonter aux sources du beau et du vrai. Le médecin praticien ne choisit-il pas, en effet, dans chaque science, ce qui lui paraît bon pour l'adapter à celle qu'il professe ? L'éclectique ne jure jamais sur la parole d'aucun maître ; foulant aux pieds les préjugés et l'autorité, remontant aux principes les plus généraux, les plus clairs, il les examine, les discute sans égard et sans partialité, il n'admet rien que sur le témoignage de la raison et de l'expérience ; sans se laisser séduire par le titre fastueux d'un grand nom, par l'ascendant quelquefois irrésistible de la gloire et de la réputation, il n'abandonne jamais son jugement sur la foi des autres ; lorsqu'il croit voir la vérité, il l'embrasse ; dans les cas douteux, il doute et il attend.

Mais il est temps, Messieurs, de tourner nos yeux vers des travaux d'un autre genre, qui ont tenu une grande place dans la vie de Caillau : ce sont ceux qui se rattachent à la Société de Médecine de Bordeaux, dont il fut pendant vingt années le secrétaire général.

Le 23 ventôse an VI de la République, il présida la seconde séance publique de notre Société, au milieu d'un auditoire nombreux et des membres des autorités civiles et militaires. Dans son discours, imprimé dans le *Journal des Mères de famille*, Caillau fait voir que les médecins ne doivent pas s'isoler dans la république médicale, qu'ils doivent, au contraire, former des sociétés nombreuses pour multiplier les fruits de l'observation et de l'expérience. Mais, à part l'effet heureux de ces réunions scientifiques pour les progrès de l'art, Caillau compte aussi au nombre de ces résultats considérables cette fraternité si précieuse et cet accord si touchant des talents et de l'amitié.

« En se voyant souvent, dit-il, on finit par s'estimer et s'aimer davantage, et puiser au sein de ces discussions amicales cette indulgente aménité, si nécessaire aux hommes dans le cours de la vie. »

Ce discours nous apprend avec quelle bienveillance le Directoire exécutif de la République française a favorisé les premiers pas de notre Société naissante, les encouragements honorables et les témoignages multipliés de confiance et d'estime qui ne cessèrent de lui accorder l'administration départementale de la Gironde, le Bureau central, les autorités constituées de la commune.

En l'an XII, Caillau fut chargé de présenter un plan de restauration de la Société de Médecine ; ce manuscrit, retrouvé dans ses papiers, forme les bases de la constitution qui nous régit aujourd'hui.

Comme secrétaire général, cet illustre collègue apporta dans ses notices annuelles la précision la plus remarquable. Dans les réunions particulières de la Société, il avait l'art de présenter les questions avec indépendance et avec tout l'intérêt qui pouvait les faire goûter et en faire sentir l'utilité. S'il avait à rendre compte de certaines discussions dans lesquelles les sentiments des membres avaient été partagés, il le faisait avec clarté, de manière à ne point faire valoir ou affaiblir les raisons des uns au préjudice de celles des autres, et avec une éloquence naturelle qui donnait une force toute particulière à ses discours.

Historien, Caillau jetait le plus vif intérêt sur ses récits, sur les travaux et les ouvrages de tous les membres de la Société. Pour entrer dans tous les détails des peintures animées de leur vie publique ou de leur vie privée, des savantes analyses auxquelles il se livrait, de ces pathétiques panoramas, il faudrait, Messieurs, un temps dont je ne puis disposer.

On lui doit les éloges des Tarragua, Dessaut, Maniald, Mingetousault père et fils, Grossard, Lucadou et Villaris, qui avaient exercé avec distinction la médecine, la chirurgie ou la pharmacie à Bordeaux. Ces éloges, comme ceux qu'il a faits de Montaigne, de Pascal et de Boileau, prouvent tous qu'il écrivait avec facilité dans un style concis et souvent élégant.

Passionné pour toutes les choses qui se rattachent à un haut degré d'utilité, Caillau accueillit avec transport la découverte de Jenner; des rapports nombreux sur la vaccine, lus au sein de notre Société, écrits avec une candeur d'observation et une logique aussi simple qu'entraînante, peuvent être offerts comme preuve de son zèle infatigable et des obstacles de tout genre que le corps médical eut à vaincre pour le triomphe de cette découverte dont les succès rendent aujourd'hui toutes les critiques impuissantes et tous les éloges superflus.

C'est encore, Messieurs, dans ses correspondances avec les savants nationaux et étrangers que l'on trouve ce charme, cet agrément et ce degré d'utilité qui, seuls, attachent et forment des rapports longs et durables. On a reproché à Caillau d'avoir eu la manie d'écrire. Je répondrai à ce reproche par ces paroles de M. Villemain de l'Académie française :

« Les hommes ont quelque peine à croire qu'un homme de leur siècle, un homme fait comme eux, qu'ils voient, qu'ils entendent, ait un talent supérieur; ils s'ennuieraient à la preuve d'une si fade vérité. »

N'est-ce pas en effet, Messieurs, à l'homme qui a cultivé

son esprit et qui a le sentiment de ses forces, à travailler pour éclairer ses semblables? Et les travaux de Caillau ont-ils manqué ce but? Non. Les traces qu'il a laissées sur son passage lui assigneront toujours un rang distingué et honorable parmi les écrivains de la Gironde.

Il est une maladie dont le nom seul porte l'effroi dans le cœur de toutes les mères et contre laquelle l'art est souvent impuissant, fléau d'autant plus redoutable qu'il moissonne en peu de temps les enfants les plus robustes.

A la suite du triste événement survenu à un jeune prince, mort du croup en 1807, Napoléon Ier offrit un prix international de 12,000 fr. à celui qui ferait connaître la vraie nature de cette maladie, le moyen de la prévenir ou d'assurer le succès de son traitement. Une commission fut nommée, composée de douze médecins les plus célèbres de l'époque, pour juger les cent concurrents qui entrèrent dans cette lice où la gloire les attendait. Le prix fut partagé entre Jurine et Albas, une mention honorable accordée à Vieussens, de Genève, à Caillau, de Bordeaux, et à Double, de Paris.

Dans la lettre du ministre Montalivet, en date du 13 février 1812, adressée à Caillau, je copie les lignes suivantes :

« La Commission a déclaré que votre mémoire est un ouvrage très-estimable qui suppose dans son auteur la double habitude de l'observation et de la pratique, et où l'histoire de la maladie du croup se trouve traitée d'une manière distinguée. »

Qu'on lise tous les détails de ce concours célèbre dans l'excellent rapport de Royer-Collard, et on verra que c'est surtout la partie pratique du mémoire enregistré sous le n° 45, celui de Caillau, qui a fixé l'attention de la commission! La comparaison du croup avec les autres affections des voies de la respiration forme, d'après le rapporteur, un tableau complet. Le reproche le plus grave qui fut fait, c'est de ne pas avoir émis des notions bien précises sur ce qu'on doit entendre par épidémie et contagion.

Je vous signalerai encore, Messieurs, un Tableau de la médecine hippocratique, un mémoire sur les rechutes dans les maladies aiguës et chroniques, couronnés en 1811 par la Société médicale d'émulation de Paris ; un précis sur les époques de la médecine, couronné par la Société de Médecine de Toulouse ; un mémoire sur l'endurcissement du tissu cellulaire chez les nouveau-nés, couronné par celle de Nîmes.

Dans son Tableau de la médecine hippocratique, qui eut plusieurs éditions, Caillau présente la doctrine du vieillard de Cos dans tout son ensemble, avec cette liaison, cet enchaînement des idées qui les fait varier les unes par les autres ; avec cet ordre, enfin, qui renferme dans des cadres particuliers ce que cet illustre médecin nous a enseigné sur les signes, sur les causes, sur la curation, sur le régime, sur les épidémies, sur la météorologie médicale, etc. Cet ouvrage avait, à cette époque, un grand mérite d'apropos ; il tendait à ramener les esprits à l'étude des monuments légués par l'antiquité médicale.

Caillau faisait peu de cas de la philosophie contentieuse et de cette médecine spéculative qui consiste dans les hypothèses et les systèmes ; cherchant toujours à s'éclairer du flambeau de l'observation et de l'expérience, il était pour la médecine clinique qui ne doit jamais abandonner le lit des malades.

Malgré toute ma concision, il me serait impossible, dans ce cadre restreint qui m'est tracé par le temps que vous avez, Messieurs, la bienveillance de m'accorder, de vous faire connaître tous les travaux pratiques publiés par Caillau. J'en ai parcouru plus de cinquante, et un grand nombre ont été lus au sein de la Société de Médecine de Bordeaux.

Les uns prouvent combien il aimait à suivre les progrès de la science : telles sont ses réflexions sur les vésanies et sur la manière dont quelques auteurs ont traité ces affections mentales ; les autres annoncent l'observateur exact, et le bon praticien, plein de doute et de prudence, comme le démontre son examen de la Flore de Toulouse, à propos des erreurs sur les propriétés d'une infinité de plantes.

L'art d'écouter, cet art si difficile, peut, lorsqu'il est employé avec sagesse, contribuer favorablement à la guérison des ma-

lades. Caillau le démontre dans des réflexions pleines de justesse et de bon sens pratique. Un mémoire sur le penchant de
l'homme à la crédulité ne laisse aucun doute sur l'étude appro-
fondie qu'il a faite de cet être si grand par son orgueil et si
petit par ses faiblesses.

Il avait écouté si souvent le langage du cœur des mères, il
avait été le témoin de tant de bienfaits dus à l'âme généreuse
des sœurs de charité, qu'il fut entraîné par ses propres sentiments à présenter des réflexions morales sur les femmes con-
sidérées comme gardes-malades dans les hôpitaux.

Tous ses ouvrages, enfin, sont un témoignage de l'activité
de Caillau, et de cette sorte de culte qu'il eut jusqu'à la fin de
sa vie pour la médecine. Son érudition et la justesse de ses
jugements lui donnaient même un grand avantage pour la
critique scientifique ; c'est un genre, tout le monde le sait, où,
aussi brillant que soit un écrivain, il n'est pas facile d'obtenir
la bienveillance : le redressement des erreurs n'est jamais par-
donné par l'amour-propre des auteurs. La passion pour les
sciences, que Caillau portait jusqu'à l'enthousiasme, lui a
peut-être fait négliger certains ménagements, qui font souvent
plus d'amis dans le lieu où l'on vit que les talents les plus distingués. Mais Caillau avait ce défaut commun à ceux qui ont
beaucoup d'élévation dans l'âme, il ne cherchait pour lui-
même ni les admirateurs, ni les panégyristes, et méprisait
les basses menées qui procurent souvent une réputation brillante à des gens qui en sont quelquefois très-étonnés.

Il osa dire la vérité, et il se fit des ennemis. Parmi ses ouvrages critiques, j'ai trouvé l'examen de la philosophie du
Dr Lafon, homme de lettres et métaphysicien fort connu ; son
mémoire sur la mort d'Alexandre-le-Grand, ses lettres sur la
rage, sa lettre sur la Flore de Toulouse. On ne peut avoir de
doute que, placé sur un plus vaste théâtre, Caillau n'eût
marqué sa carrière par de plus beaux triomphes.

Messieurs, je viens d'envisager Caillau médecin, philosophe,
moraliste ; il est un autre aspect sous lequel je veux aussi vous
le présenter, c'est comme littérateur et poète. Connu d'une

manière honorable parmi les hommes de lettres et parmi les savants, il avait été accueilli par quelques personnages d'élite que réunissaient à cette époque des salons privilégiés.

Dans ces réunions, où régnait avec une aimable liberté cette fleur de politesse et d'esprit dont nous n'avons plus que le souvenir, Caillau y apportait les charmes de sa conversation, sa vivacité d'esprit et son érudition. Son inépuisable porte-feuille contient une foule de poésies qui prouvent à la fois l'extrême sensibilité dont la nature l'avait doué et la finesse de son goût. Le caractère de Caillau était trop sérieux pour livrer à l'impression des pièces fugitives; ce sont des loisirs poétiques trop fertiles en Aristarques et trop dénués de Mécènes; il les gardait pour des épanchements familiers. Il n'en fut pas de même de ses poésies didactiques, dans lesquelles il se fit remarquer par son imagination féconde, son esprit cultivé et son génie observateur. Caillau était né poète, et les Muses l'auraient traité comme un de leurs plus tendres favoris, s'il avait pu se consacrer à leur culte; mais c'était en quelque sorte pour se débarrasser de ses ennuis et de ses fatigues qu'il se livrait à la poésie.

Dès l'année 1798, il avait fait la traduction en vers du poème latin de Claude Quillet, *la Callipédie* (ou l'art d'avoir de beaux enfants). Ce poème charmant, peu connu des gens de lettres et des médecins, était composé de quatre livres. « Quoiqu'il n'ait point dit au public, écrit Caillau dans une notice sur Claude Quillet, où il avait pris tant de raretés, on ne laisse pas de remarquer que, pour un abbé, il en savait plus que les plus expérimentés d'entre les laïques, et qu'il était capable de donner des leçons à toute la nature. »

Le pinceau délicat de Caillau peignit toutes les beautés du modèle, et le surpassa par la pudeur et la décence des expressions.

Un petit poème, intitulé l'*Antoniade*, parut en 1808. Son héros est simplement le frère d'une loge de maçons, nommé Antoine. « Antoine, dit-il dans sa préface, naquit et mourut, c'est toute son histoire sans doute; mais, dans le petit coin de terre où le hasard le plaça, il fut honnête homme; si cela ne fut pas assez pour sa gloire, cela suffit à son bonheur, et c'est son bonheur que j'ai voulu peindre. » Cette pièce renferme des vers fort bien faits et des saillies pleines d'esprit.

En 1809, il fit paraître son ode sur les Jeux de l'enfance, couronnée par l'Académie des sciences et belles-lettres de Bordeaux, et dédiée à ses enfants Henri et Betzy. Ce grand observateur de la jeunesse mit dans cette ode de sublimes inspirations et des images aussi vraies qu'agréables.

Caillau a prouvé qu'il savait monter sa lyre à la hauteur et à la sublimité de son sujet; vous en avez la preuve, Messieurs, dans son dithyrambe à la gloire des armées françaises, à l'époque de leurs succès et de leur triomphe.

Le 3 mai 1811, les fleurs d'or et d'argent étaient exposées sur le maître-autel de l'église de la Daurade de Toulouse, où fut ensevelie Clémence-Isaure. La salle du Capitole, où la distribution des prix avait lieu, était ornée avec une grande magnificence. La foule s'y pressait nombreuse. Les quarante mainteneurs viennent s'asseoir à leurs places, et, pendant que des commissaires de l'Académie s'en vont chercher les fleurs, le secrétaire perpétuel lisait son rapport sur le concours, et, au retour des commissaires, on proclama les noms des heureux vainqueurs.

Or, parmi ces lauréats était Caillau, qui remportait le prix de la violette pour son Épître sur l'Espérance. C'est avec la peinture la plus gracieuse et la plus séduisante, avec le charme de la plus aimable poésie, qu'il fait le portrait de ce don précieux accordé à tous les mortels, et présente aussi de sages maximes qu'on doit toujours suivre dans la pratique médicale.

« Recevez ces fleurs printanières, lui écrit le secrétaire perpétuel de l'Académie des Jeux-Floraux, que le talent a adjugées au vrai mérite, comme une première couronne que j'ai le plaisir de vous transmettre. Maintenant que le sol est défriché, vous n'avez que d'amples moissons à recueillir. »

Rien de plus touchant et de plus noble à la fois que l'Épître à son fils sur les soins et les hommages respectueux dus à la vieillesse, et couronnée par la Société philomathique en 1812. Quelles images douces et tendres dans son Épître à un naturaliste sur le souvenir que l'étude de la botanique fait naître ! Quel tableau ! et quels conseils pleins de religion et de sagesse dans l'Épître à une jeune mère sur l'éducation morale de son enfant ! Quel agrément et quelle vérité dans l'épître au Dr Alfred sur la Journée d'un médecin ! Enfin, que d'esprit et de simplicité dans ses Apologues et dans ses Fables, dont un grand nombre sont restées manuscrites ! Il représente les objets comme un tableau, on croit voir tout ce qu'il décrit.

L'Académie des sciences, belles-lettres et arts de Bordeaux reçut Caillau membre résidant en 1813. Déjà plusieurs fois lauréat de cette compagnie, son admission redoubla son zèle, et il fit dans ses séances particulières et publiques plusieurs lectures tout aussi intéressantes qu'agréables. Qu'il me soit permis de signaler son rapport sur les poésies d'Edmond Géraud ; ce sera donner en même temps un souvenir à l'un des plus aimables poètes de Bordeaux , qui sut s'exprimer en vers mélodieux, en chants si doux, si pleins de suave harmonie. On admira dans ce rapport, comme dans tous les ouvrages de Caillau, le jugement et le goût , la vivacité du trait, la délicatesse des idées, la finesse des observations, l'ingénieuse critique. Il fut nommé secrétaire général de l'Académie en 1818 ; sa santé chancelante ne lui permit pas d'accepter d'aussi pénibles fonctions.

Pendant une longue période de sa vie, Caillau a inscrit jour par jour tout ce qu'il faisait ; ce manuscrit, trouvé dans ses archives, est rempli de faits les plus curieux et de documents qui forment le tableau le plus complet des choses et des hommes de son temps. En le lisant, on vit dans l'intimité de Caillau, et on peut l'apprécier comme homme, comme père et comme ami. Aussi désintéressé qu'habile à soulager les infirmités humaines, il suffisait qu'on lui dît : « Je suis pauvre », pour qu'il refusât ses honoraires. Combien de fois n'a-t-il pas été victime de la réputation de générosité qu'il s'était acquise ! Combien de fois n'a-t-il pas secouru de sa bourse après avoir secouru de ses conseils ! Aussi répétait-il, dans la simplicité de son cœur, avec le bon La Fontaine :

Vienne encore un trompeur, je ne tarderai guère !...

Nul mieux que Caillau ne savait inspirer la confiance et la conserver, interroger ses malades à propos et les laisser parler, les persuader en cherchant à leur plaire, et faire naître autour d'eux tous les charmes de la douce espérance qu'il avait dépeinte avec tant de poésie. Espérance ! plante vivace dont la racine est dans tous les cœurs, et qui ne demande souvent pour prospérer que l'approche du talent et de la consolation.

A l'époque de la seconde guerre avec l'Espagne, Bordeaux fut un des centres principaux où l'on réunit un grand nombre de ma- lades. Le typhus était l'affection qui ravageait les victimes de cette déplorable guerre. La Commission administrative des hos- pices confia le service des établissements sous sa direction à des médecins civils tout aussi instruits que zélés. Caillau, dont le front est déjà ceint de tant de couronnes académiques et qui déjà était habitué à des périls de ce genre, fut chargé de la partie médicale d'un de ces établissements. Il y remplit ses périlleuses fonctions, écrit un de ses contemporains, avec ce courage qui n'appartient qu'aux âmes grandes et désinté- ressées. Il se montra sans ostentation et sans crainte sur ce théâtre de la plus funeste contagion. La Commission admi- nistrative des hospices ne put récompenser plus dignement de tels services que par le titre de médecin adjoint à l'hôpital Saint-André, et, dans une lettre en date du 10 mai 1809, elle exprime à Caillau les sentiments de la plus sincère reconnais- sance. Reconnaissance ! souvenir d'un bienfait, accompagné du désir de s'acquitter. Malheureusement, Messieurs, il en est de ce mot comme de beaucoup d'autres qu'on prononce trop souvent sans en apprécier la force ni la valeur.

En 1817, une place de médecin titulaire de l'hôpital Saint- André vint à vaquer, et l'Administration des hospices oublia de donner cette place au médecin adjoint, qui, à l'heure du danger, avait obéi à l'invitation qui lui fut faite au nom de l'humanité.

Caillau était trop philosophe, et savait que la reconnaissance, ce sentiment le plus noble et le plus élevé de la nature humaine, qui tient à une perfection intérieure de l'âme, n'était pas, à cette époque pas plus qu'à la nôtre, une affection de longue durée, que sa chaleur s'évapore à mesure que l'on s'éloigne de l'époque où l'on a rendu des services. Il ne fut donc pas surpris. La seule protestation de ce grand caractère, nous l'avons trouvée dans son travail ayant pour titre : *Les derniers entretiens d'Hippocrate avec ses disciples,* lu en séance publique de la Société de Médecine en 1819 :

> Hélas ! mes chers enfants, je vous le dis d'avance,
> Il ne faut point compter sur la reconnaissance.
> Souvent le médecin, traité comme les dieux,
> Si le danger s'enfuit, est oublié comme eux.
> Sachez donc, sans murmure, essuyer des caprices,
> Et servir les humains, malgré leurs injustices.

Incapable de haine, Caillau aurait voulu tout embrasser dans une commune bienveillance. Il est un point, cependant, sur lequel il ne transigeait pas et qui ne pouvait pas trouver grâce devant lui : je veux parler de son mépris profond pour cette race d'imposteurs que la loi semble protéger par sa faiblesse, que le public alimente par la sienne, et que Caillau a poursuivie dans des écrits que la vivacité de langage empêche de publier.

J'ai lu des fragments de son ouvrage ayant pour titre : *Médecine bordelaise*, où l'on trouve des recherches pleines d'originalité sur les qualités et les défauts, les vertus et les erreurs, en un mot, sur les habitudes morales des médecins de son époque et de celle qui l'avait précédé.

Vous comprendrez, Messieurs, ma réserve pour des statistiques de cette nature ; elles avaient un but moralisateur dans l'esprit si pur et si sincère de Caillau : c'était de découvrir, dans notre profession, les causes du bien et du mal pour étouffer celle-ci et fortifier celle-là, et ramener, s'il se pouvait, les égarés à ce noble sentiment de la dignité médicale qui se trouve dans le cœur de tous les médecins honnêtes.

Depuis longtemps, Caillau était en proie à de cruelles douleurs; il les supportait avec courage, visitant ses malades, assistant avec la même assiduité aux séances de la Société de Médecine, et venait encore y répandre, sur les questions les plus difficiles, les traits de lumière que lui fournissaient son expérience et sa vaste érudition.

Dans la séance publique de 1819, il sut inspirer le plus vif intérêt à un auditoire nombreux sur les derniers moments d'Hippocrate, et, en admirant cette charmante poésie, ses collègues ne purent s'empêcher d'en faire l'application à lui-même et d'y voir le chant du cygne.

La maladie de Caillau faisait chaque jour des progrès, et lorsque l'intensité de ses souffrances mettait sa patience aux plus rudes épreuves, entouré de sa famille et de ses amis affligés, il les édifiait par son courage et sa philosophie. Il empruntait encore, pour la dernière fois, le langage des grandes douleurs et des grandes joies, la poésie!

Adieu! chers objets que j'adore;
Ne pleurez point autour de mon lit de douleur :
Nous devons nous revoir pour nous aimer encore,
J'en suis certain, dans un monde meilleur.
N'allez pas ici-bas, dans un moment d'ivresse,
Élever à ma cendre un monument d'orgueil.
Je ne veux de votre tendresse
Qu'un modeste emblème de deuil.
Sans faste, autour d'une urne cinéraire,
Exprimez les travaux auxquels je me livrai.
N'oubliez point ma devise ordinaire :
Le simple est le cachet du vrai.
Qu'une mère surtout, jalouse de ma gloire,
Vienne sur mon tombeau déposer quelques fleurs;
Qu'elle dise en versant des pleurs :
Il aimait les enfants, chérissons sa mémoire.

La vie, à ses derniers moments, semblait s'être réfugiée

tout entière dans son cerveau. Tout était déjà frappé de mort, que la tête vivait encore. Il donnait à ses enfants de sages avis et les preuves les plus vives de son affection paternelle. Ses yeux, avant de se refermer pour toujours, se tournèrent vers son gendre, le regrettable Burguet, vers ses collègues et amis de la Société de Médecine, au milieu desquels il expira, dans la nuit du 8 au 9 février 1820, en philosophe chrétien, sans faiblesse et sans ostentation.

Caillau, dont toute la vie fut consacrée à l'étude et à l'enseignement des choses utiles, en terminant sa carrière, voulut, par un acte de dernière volonté dont vous apprécierez sans doute le mérite, que l'exploration de ses viscères jetât du jour sur les jugements portés sur son état, et le rendît encore utile à la science et à ceux qui lui survivent.

Vous me dispenserez, Messieurs, de vous décrire le résultat de cette triste opération, faite par une commission de ses collègues que lui-même avait désignée.

Telle fut la fin d'un des médecins les plus éloquents qu'ait eus la Société de Médecine de Bordeaux.

Caillau avait dirigé le plan de l'éducation de ses deux enfants : Henri Caillau, négociant à Lyon, et Betzy Caillau. Pour cette fille, entourée pendant toute sa jeunesse de la sollicitude la plus tendre, à l'instruction de laquelle Caillau avait sacrifié tous ses moments de loisir, pour laquelle il avait composé des Apologues et des Fables dans lesquels la pureté de la morale est exprimée avec autant d'esprit que de philosophie ; pour cette fille, enfin, il choisit Auguste Burguet, qui, pendant vingt-cinq ans, s'occupa aussi, avec toute l'ardeur de son âme, de l'amélioration matérielle et morale de la Société de Médecine, et dont un des plus beaux titres à l'estime et au respect de ses concitoyens de tous les partis fut d'être resté, dans les temps agités et les plus troublés, constamment et fidèlement attaché, jusqu'à la fin de sa carrière, au même drapeau de l'ordre et de la liberté.

Jusqu'à ses derniers moments, Caillau fut entouré de l'affection de cette enfant si aimée, toujours prête à dissiper les moindres nuages qui auraient pu altérer la tranquillité du bon vieillard.

En terminant ce trop long récit de la vie de l'un des fondateurs de la Société de Médecine, ne devais-je pas un souvenir à cette digne fille, à l'épouse vénérée de Burguet, à cette mère si regrettée qui eut toute sa vie ce dévouement ignoré de tous les jours, de tous les instants, sachant inspirer à tous le respect et l'affection ?

Messieurs, si le nom de Caillau n'est plus pour la Société de Médecine qu'un souvenir d'orgueil, elle a du moins le bonheur de posséder son petit-fils, Gustave Burguet! dont la noble ambition est de continuer les traditions de ses pères.

Et, vous le savez, la probité et la vertu est un patrimoine que l'on conserve religieusement dans cette famille honnête et respectable !

www.ingramcontent.com/pod-product-compliance
Lightning Source LLC
Chambersburg PA
CBHW051331050726
47595CB00006B/2300